कन्या की दुनिया

ऋषि पाण्डेय

क्रम-सूची

भूमिका

यह पुस्तक जिसका नाम कन्या की दुनिया आपको कन्या के हर एक रूप से परिचित करवाएगी। एक बाल कन्या से माँ के रूप तक का परिचय देगी। इस पुस्तक का भाव, मात्र कन्या के रूपो का वर्णन करना नहीं है अपितु संसार को ये बताना की कन्या स्वयं एक ईश्वर का रूप है।

1

पहला रूप - कन्या

कन्या अर्थात लड़की, बेटी, पुत्री, सुता और ना जाने कितने नाम हैं इसके। ये कन्या का पहला रूप होता है। जन्म लेते ही इसके सिर पर ज़िम्मेदारियों का पहाड़ टूट पड़ता है। जैसे-जैसे आयु बढ़ती है, वैसे ही जिम्मेदारियों का बोज भी बढ़ता है। पाँच साल तक इतनी ज़िम्मेदारियाँ नहीं होती जितनी पाँच साल के बाद आती है। दस साल की आयु तक कन्या आज़ाद पंछी की तरह होती है और अलग-अलग खेल खेलती है, जैसे लंगड़ी टांग, घर-घर, गुड्डे-गुड़ियों के साथ खेलना, पकड़म-पकड़ाई आदि। बढ़ते के साथ ही माँ का कामो में हाथ बटाती है, भाई - बहनों को संभालती है और माता - पिता कि ज़िम्मेदारियाँ भी अपने सर ले लेती हैं। माता - पिता का स्वयं से ज्यादा ध्यान रखती है और कभी भी उन्हें कष्ट ना हो इस बात का पूरा ध्यान रखती है।

• 2 •

कन्या का बचपन

2

कन्या का दूसरा और तीसरा रूप - बहू और अर्धांगिनी

कन्या का दूसरा और तीसरा रूप बहू और अर्धांगिनी का होता है। जब विवाह हो जाता है तो कन्या किसी की पत्नी बन जाती है और उसके साथ ही अपने नए माता-पिता के लिए बहू कहलाती है।ये रूप कन्या को बहुत सी नई चीजें सिखाता है।नए लोग, नया परिवार और नया वातावरण , मन में एक भय के साथ अपने दूसरे गृह में सभी के हृदय में अपना स्थान बना लेती है।पत्नी के रूप में अपने पति का ध्यान रखती है, उनकी बात मानती व उनके आदर्शों पर चलती हैं।बहू का रूप निभाना भी कन्या के लिए सरल नहीं होता है। सभी के हृदयो में जगह बनाना सबको स्वयं के कामों से प्रसन्न रखना, ये है बहू के परमधर्म है।जब कन्या बहू के रुप में ससुराल जाती है तो उस गृह की मर्यादा भी उसी के हाथों में आ जती है।धीरे-धीरे ससुराल की सारी ज़िम्मेदारियाँ भी अपने ऊपर ले लेती है।

• 4 •

बहु और अर्धांगिनी का रूप

3

कन्या का चौथा रूप - माँ

माँ एक ऐसा शब्द है जिसे सुनते हि मन से प्रेम उमड़ने लगता है। मन में जैसे शीतलता आ जाती है। माँ संसार का सबसे प्यारा और सबसे सुंदर शब्द है। जिसे सुनते ही मन का सारा भय निकल जाता है। माँ का रूप सब रूपो में सबसे बड़ा और बलवान होता है। कन्या का माँ बनने के साथ ही पुनर्जन्म भी होता है। कन्या एक नई सीढ़ी पर पैर रखती है और नए जीवन की शुरुआत करती है। कन्या धनी या निर्धन हो सकती है लेकिन उसकी ममता कभी अमीर गरीब नहीं हो सकती। वे अपने सभी बच्चों से एक समान प्रेम करती हैं। वह स्वयं भूखी रह कर बच्चों का पेट भरती हैं। कन्या जब माँ बनती है, तो ये उसके लिए इतना खुशी का पल होता है कि वो फूली नहीं समाती। जब कन्या माँ बनती है तो वे सिंहनी का भी रूप ले लेती हैं मतलब कि कोई भी गलत नज़र से उसके बच्चे की ओर नहीं देख सकता।

• 6 •

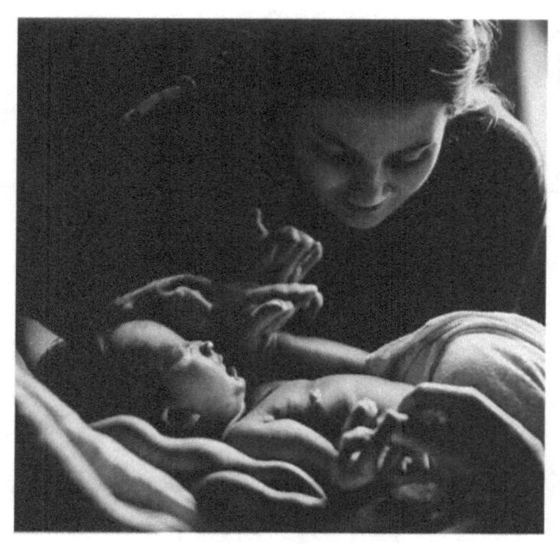

माँ का रूप

4

माँ द्वारा बच्चों का पोलन पोषण

बच्चों के लिए माँ कितनी ज़रूरी है ये तो सब ही जानते हैं। एक बार को माँ, बिना पिता के बच्चे को पाल सकती है लेकिन एक पिता बिना माँ के, बच्चे नहीं पाल सकता। माँ अपने दूध से बच्चे को पालती है, उसको नज़बूत होने में मदद करती है। धीरे -धीरे जैसे बच्चा बड़ा होता है, उसे संस्कार देती है, सही गलत की सीख देती है और अच्छा इंसान बनने की रहा दिखाती है। अपने कोमल हाथों से बच्चे को खिलाती, पिलाती है। एक माँ ही बच्चे को अच्छे संस्कार दे सकती है क्योंकि माँ के साथ ही ज्यादा समय बिताता है।वह उसे डांटती है और प्यार से हर बात समझाती है, इसीलिए वो माँ कहलती है।

बच्चों को पालती हुई माँ

5

कन्या के अंतिम रूप का अंतिम समय

कन्या के अंतिम रूप का अंतिम समय मतलब माँ के रूप को भी त्यागने का समय आता है। अब वह घड़ी आ जाती है जब कन्या अपने इस अंतिम रूप को भी त्यागने की ओर बढ़ती है।ये घड़ी मां के बच्चों के लिए बहुत दुखदायक होती है। जिस मां ने उन्हें पाला, अपने हाथों से मधुपर्क कराया, अपने हाथों से नहलाया हो और अपने हाथों से बच्चों को प्यार किया हो।अब उन्हें वे हाथ कभी नहीं मिलेंगे सोचो वे घड़ी कितनी चुभिली और दुख देने वाली होगी।अब आखिर में जब देहांत हो जाता है तो भी मायके को मुड़कर नहीं देखती और ससुराल से ही अर्थी उठती है।अपना सब कुछ त्याग कर दूसरों के लिए हित का सोचना और करना केवल कन्या ही कर सकती है।इसी लिए तो भगवान ने कन्या को इतने सारे रूप दिए और कन्या को बनाया।

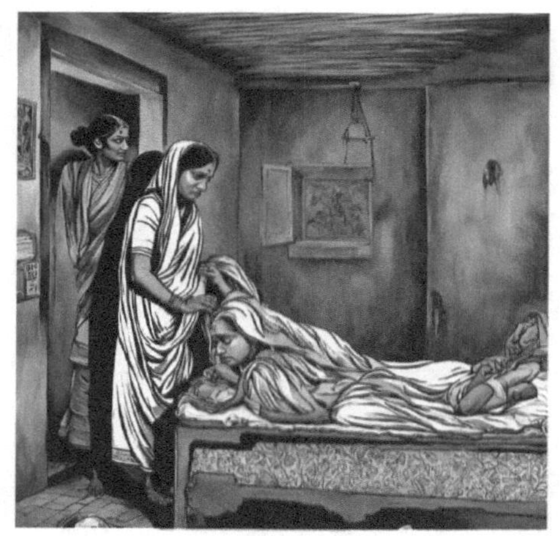

अंतिम रूप का अंतिम समय

6

पहले रूप से अंतिम रूप तक का अंतिम सफर फोटो से समझे

आज के इस आधुनिक काल में लोग चित्र या चार्ट के माध्यम से जल्दी समझते हैं, इसलिए चित्र के माध्यम से आप लोगो को समझाने का प्रयत्न किया गया है।

पहला रूप -कन्या

दूसरा और तीसरा रूप - बहू और अर्धांगिनी

चौथा रूप - माँ

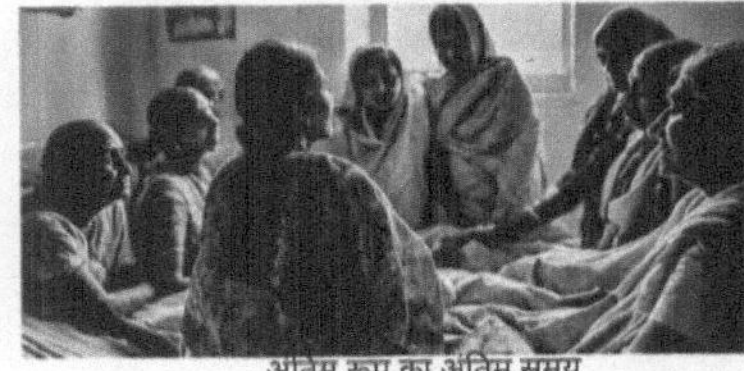
अंतिम रूप का अंतिम समय

7

कन्या पर स्वयं कुछ शब्द लिखे

ये पृष्ठ आपके नाम